U0047114

蔡志忠作品

參禪步道

覺悟

目錄

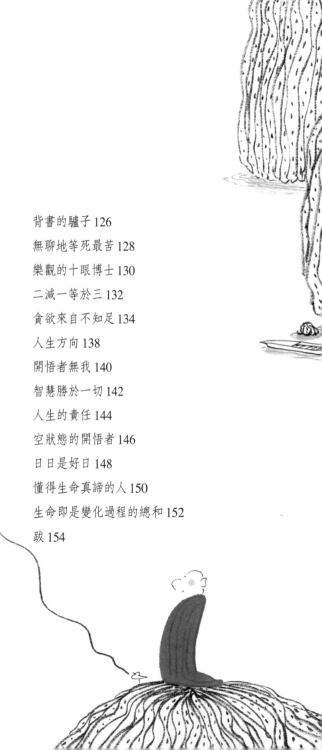

序　點燃內心的黎明

覺悟之道

《吠陀經》説：「如果一個人四十歲時還沒有覺悟，便如同死亡。」

美國哲學家佛洛姆説：「每個人都生自於父母，但每個人都要自己再重生一次！」

人生看似很長，其實短暫的有如白駒過隙，一下子就從青春步入中老年了。

及早想清楚：我們來此一輩子到底為的是什麼？要用這輩子來換取什麼？

就是人生中最重要的覺悟！

自覺是頓悟的緣起

我們打開門走出去，是因為我們知道自己要去哪裡。

然而大多數人對於人生這麼大的事情，竟然不知道自己的目的，渾渾噩噩毫無計畫的過此一生，像是開車上高

速公路，只知道跟別人比速度比距離，比了大半輩子竟然不知道自己要去哪裡一樣的荒謬。有多少人能在人生的一開始便先想清楚這難得的一生到底應該怎麼過？應該怎麼走？難道非得等到夕陽將盡即將死亡之際，才傷心後悔懊惱不已？

我們雙手空空而來，
也將雙手空空而去，
帶不走任何東西。

然而人生是什麼？
人生有什麼目的？

相信大多數人都曾在他的人生旅途中，
思考過這個「人生大問」！
但有多少人真正想通人生問題？
然後完完全全依自己正確的想法去實踐自己的一生？

每個人的內心深處都有一塊心靈聖地！
每個人都應往自己內心深處尋找屬於自己的那塊淨土。
而哪裡才找得到我們內心深處的那塊寂靜淨土？

讀萬卷書，不如行萬里路；
行萬里路，不如閱人無數；
閱人無數，不如高人點渡；
高人點渡，不如自己頓悟。

或許我們還沒有真正讀萬卷書、行萬里路、閱人無數、
高人點渡，但每個人都可以直接尋求頓悟，悟通這輩子
所為何來？所要的是什麼？

人生中最重要的覺悟

兩千五百年前，佛陀離家到森林裡尋求覺悟，他獨坐菩
提樹下做最深層的思考，經過六年修行苦思，佛陀終於
覺悟出了苦集滅道四聖諦：

什麼是苦？
苦形成的次第過程，
消滅痛苦的方法，
通往無苦的解脫自在之道。

綜觀佛陀思想，我們可以歸納出佛陀一生所說的法為：
「三法印」、「緣起法」、「四聖諦」、「八正道」

所有攸關於人產生煩惱痛苦的原因和達到解脫自在、清淨彼岸的修行方法。

佛陀在世時傳法四十五年，佛滅度後，佛陀的思想由他的弟子傳承到後世，成為今天的佛教。佛教東傳中土，盛行於魏晉南北朝，由於六朝時代道家思想興盛，發展出純中國式帶有道家思想的禪宗，因而整部《景德傳燈錄》所描述的盡是禪門生鮮活潑充滿朝氣的景象。禪是「藉教悟宗」，透過佛陀的言語悟出禪宗的精髓。
雖然禪的基本精神為：

不立文字
教外別傳
直指人心
見性成佛

然而，無論禪公案裡的內容情節有多麼的怪異，但其基本精神還是跟兩千五百年前佛陀在樹下所覺悟的大道相同。達摩祖師西來，禪宗由少林祖庭展開，二祖斷臂求法，三祖、四祖、五祖一脈相傳到六祖惠能，六祖惠能的南宗禪風盛行，一花開五葉將禪宗發展到極致境地。

我們參禪學佛的目的是什麼？如果信佛誦經是為了死後的天堂門票，那麼我們所信仰的主題便跟佛陀無關，因為佛陀不談生之前、死之後、不談世界之外所有不能實證的事物。當初佛陀說法時有十四個問題不談：

一、世間常嗎？

二、世間無常嗎？

三、世間亦常亦無常？

四、世間非常非無常？

五、世間有邊嗎？

六、世間無邊嗎？

七、世間亦有邊亦無邊嗎？

八、世間非有邊非無邊嗎？

九、如來死後還存在嗎？

十、如來死後不存在嗎？

十一、如來死後亦有亦非有是嗎？

十二、如來死後非有非非有是嗎？

十三、命與身是一嗎？

十四、命與身異嗎？

因為佛陀認為談論這些無法證實的事，只會徒增人的貪欲染著，無益於解決人的痛苦。這十四個不談的問題就稱之為「十四無記」。

佛陀說：「我只談苦如何產生和如何消除痛苦，凡是跟痛苦無關的事就不是我所說的。」

佛陀只談人的苦生、苦滅問題和通過種種修行而達至無苦的清淨自在的次第方法。正確學佛的目的應該是：透過佛陀所教導的方法修行，遠離痛苦煩惱和貪瞋癡三毒，悟通生命的實相，而達至智慧彼岸的無苦境界。因此佛教可以說是「心的調御」之教。

從「十四無記」我們知道學佛的目的不是為了死後的西方淨土，而是調御自己的心，無論處於任何際遇情境，都能使自己活在天堂。

制心於一處、無事不辦

我九歲立志當漫畫家，十五歲成為職業漫畫家，畫漫畫四十八年，一生都置身於自己所喜愛的天堂裡而樂此不疲。能辦到這樣是因為我三歲半讀完《舊約聖經》與《新約聖經》，四歲半時便想通自己的人生之路就是要畫畫，四歲半之前的一年，是我人生中最重要的覺悟！

我們只有一輩子，每個人都應該先想通人生之旅的目的地，然後全力以赴。
如果我們能制心於自己的強烈焦點裡，便能不累、不睏、不餓、不病、不死。
握無窮於掌心，化地獄為天堂。

天堂在哪裡？天堂不在別處，就在當下現前！

用心若鏡

菩提本無樹，明鏡亦非台；
本來無一物，何處惹塵埃。

人生的種種問題，大都是來自於自己的心，
修行的目的在於正確用「心」，
以達到無苦的境界。

我們於赤子之時，原本懷有正確的心法，
但隨著成長認知，養成種種錯誤的觀念，
痛苦煩惱也因而產生。

「佛」是調御丈夫，
學習佛法即是修習心法的調御，
破除種種錯誤的價值觀，重拾真如本性。

什麼是正確使用心的方法？
即是把心當成鏡子一樣：

事情未來之時，不期待。
事情來之時，完全如實反映。
事情過了之後，又回復成空。

心完全地融入於即時剎那當下，
不以過去之心、現在之心、未來之心看待事物，
也沒有我、人、主、客、時間的分別心。
這樣的心便能達到：

竹影掃階塵不動、
月穿潭底水無痕。

風來疏竹，風過而竹不留聲；
雁渡寒潭，雁去而潭不留影。
心不為客塵所動，不被不同境遇所惑的境界。

如同佛陀生前所說：
「云何為《第一義空經》？諸比丘。
眼生時無有來處，
滅時無有去處，
如是，眼不實而生，
生已滅盡，
有業報而無作者。」

我們使用心要如同鏡子反映萬象一樣，
無論境遇如何變化，
只有完全順勢反映事物的行為，
而沒有行為的那個我存在。
於一切相不念、常住不變異、非我、非我所，
如是安住自己的，便是空的最高境界。

禪是什麼

禪，最大的天啟。
人一生中最重要的覺悟！

禪，是完全了悟生命實相的生活態度！
我們如實知道生命的實相，
當然更能清楚在有限人生的時間裡知道：

自己應該做什麼？
自己應該怎麼做？
應該朝向哪邊走？

三種境界

人有三個階段：

起初他崇拜文憑、地位、權勢、財富。

再進一步，他思考自己來此一生的意義。

最後他找到人生的目的，而真正活出自己！

於是他已經從第一階段，進入最後階段。

我們只有一輩子，

我們只能活一次，

生命無法重新來過。

生命不是用來換取權勢名位而已。

我們打開門走出去，都清楚知道自己要去哪裡！

每個人的一生更應該思考：

我來這輩子到底是為了什麼？

想清楚之後，便知道自己真正要的是什麼，

自知自己該怎麼活。

自己是開悟的障礙

有人問空空尊者說：「你是如何開悟的？」
「是因為一隻狗，我才開悟的。」
「說明你開悟的導師是一隻狗？」
「沒錯，是一隻狗讓我開悟的。」

空空尊者說：
「有一天我看到一隻狗站在水邊快渴死了。
每次牠探頭到水邊就嚇一跳，因為水裡有一隻狗。」
「然後呢？」
空空尊者說：
「最後牠渴得實在受不了，
顧不得恐懼，便縱身躍進水中，
發現水中的狗不見了，
原來無法喝水解渴的障礙只是自己的影子。
由這件事我發現隔著我的障礙是我自己，
於是我的障礙頓失，因而開悟了。」

真愛無我

一個人從高山、到沙漠、到綠洲,到他真愛的居所。

「砰!砰!砰!」他敲門。
「誰啊?」
「我!」
「對不起,裡面容不下你和我。」屋裡的人回答說。

他回到高山苦思,一年後再來到綠洲小屋前敲門。

「砰!砰!砰!」
「誰啊?」
「你!」

屋門打開了,屋裡的聲音說:
「真愛無你我,無我才能走進真理來。」

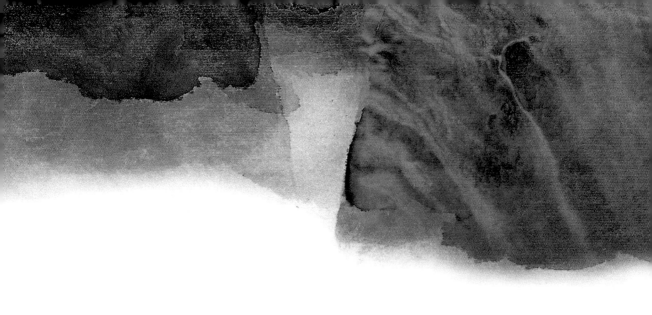

別固執於自我

水從高山沖下瀑布，經過急流到綠洲，過不了沙漠。
水再一次沖下瀑布，經過急流到綠洲，又越不過沙漠。

水在沙漠前面哭著說：
「沙漠是水的宿命，水永遠越不過沙漠。」

這時風對水說：
「你可以不只是水，
你可以化成水蒸氣，升上天空變成雲朵。
再透過我的幫忙把你吹過沙漠，
你便可以變成雨降落地面，這不就越過了沙漠？」

如果我們抱持著「我」，便無法面對不同際遇。

水自認為自己是水，所以才無法橫越沙漠，
水可以變化為水蒸氣、變化為雲、雨，
能隨不同際遇變化，沙漠便不是阻礙了。

「我」來自過去和對未來的期待。

這個固執的「我」通常是面對現前無法順暢的障礙，
就像水以為自己只是水。

若水不抱持自己只是水，
那它隨時可化為冰、化為雲、化為水蒸氣、化為雨，
它沒有固定的自己，便能無所不能，順境而為。

地獄才是天堂

一塊冰在撒哈拉沙漠，被太陽融化得只剩小小一塊。

冰感嘆著說：
「沙漠是冰的地獄，北極才是冰的天堂。」

沙對冰塊說：
「冰在沙漠時才最珍貴，冰在北極是最不值錢的東西。」

我們處於苦難絕境，正是彰顯最高自我價值的時候，
處於太平順境之時，無論是誰，大家都相差不多。

33

頓悟能將地獄化為天堂

弟子問禪師說：「頓悟是什麼？」

禪師回答說：

「炙熱的撒哈拉沙漠原本是冰的地獄，

當冰想通了關鍵點，『冰在沙漠比黃金還貴』，

這便是頓悟！」

自我開悟才是甜美的果肉

空空尊者向來都是用隱喻來說法。

有位弟子抱怨說：

「你只講故事，卻不告訴我們如何瞭解故事的隱喻。」

空空尊者說：

「我給你一顆水果，但不能替你吃掉果肉。」

智慧的兩句話

弟子問禪師說：「智慧是什麼？」

禪師說：「一切智慧，可以用兩句話來概括。」

「哪兩句話？」

「為你而做的，任他去做。必須去做的，確實去做。」

死而不亡的事物

你唯一擁有的,就是沉船時你不會失去的東西。
你唯一帶得走的,是你死後大家還記得的東西。

人能留名萬世,是因為他做出讓後世人受益的事物,
是使眾人受益的事物才讓那個人留下名字。

例如我們是因為〈楓橋夜泊〉這首短短二十八字的詩,
才記住張籍的名字。

心是真理的神殿

有個人一心想找到真理,但沒發現祂的蹤跡。

真理不在廟堂、
不在神殿、
不在聖典、
不在草原、
不在高山、
不在叢林、
不在市集。

他朝向自己內心察看,
發現真理就在心裡面。

「啊!祂不隱藏在別的地方,
每個人內心就是真理的廟堂。」

人生大問

有位禪師來到一座城裡，很多人圍住他問了許多問題——

「你叫什麼名字？」
「你從哪裡來？」
「你要去哪裡？」
「誰跟你同行？」
「你在追尋什麼？」
「你的信仰是什麼？」

禪師回答他們說：
「雖然你們問了那麼多，其實你們的問題只有一個，
就是『你是誰？』」

「對啊！你是誰？」眾人齊聲問。

「我也找尋了很久，但還沒有找到，
這正是我這趟旅行的目的。」禪師回答說。

三種惡與四種善

禪師對弟子說：

「人生有三種東西具有毀滅性：憤怒、貪婪、自大。」

弟子說：「那該怎麼辦？」

禪師說：「這需要四種境界，才能將毀滅變成創造。」

弟子問：「哪四種境界？」

禪師回答：

「四種境界是：無我、慈悲、智慧、真理。

把自己當成別人，是『無我』、

把別人當成自己，是『慈悲』、

把別人當成別人，是『智慧』、

把自己當成自己，是『真理』。

能達至無我、慈悲、智慧、真理之時，

即是抵達無苦境界的寂靜彼岸。」

禪者無分別心

一道邊界分成兩個國家。
一瞬剎那，切開過去與未來。
一個十字路口，隔成四個部落。

開悟的禪者不分別好壞、善惡、日夜、寒暑、你我，
他只是無我地融入於任何時空，
不存在過去、不存在未來。

他踩在空無之間，盡情地活出每一個現在。

49

真理融入於時空中

針對鹽說：

「我在水中已經幾十年了，但水還是水、針還是針。」

鹽對針說：

「你因為有自我，因而無法融入於真理的情境裡面。」

真理像一粒融入於水中的鹽，

看不到、拿不著，

但水中處處都存在著真理，

處處都嘗得到真理的滋味。

本質唯有品嘗時才能顯露！

真理純潔單一

禪師對一位研究禪學的學者說：
「知識會變得瑣碎，智慧不會。
使知識變得瑣碎的是學究。」

「怎麼說？」

「學究喜歡把簡單的事分析成瑣碎，
禪者善於把瑣碎的事變成簡單的真理。」

53

表面信仰與實際行動

有人問智者說：「如何分辨宗教和修行的不同？」

智者回答說：

「宗教在經典的文字裡面，而修行顯現於行為外面。」

修行即是「修」和「行」，

調御自己內在的心，化為外在的實際行動。

慷慨的等級

禪師要弟子們描述慷慨,弟子說:

「慷慨就是把別人所需要的送給他。」

禪師說:

「不不!真正的慷慨是能把自己需要的也送給他人。」

己所不欲勿施於人,是人的本分。

己所欲而施於人,才是真的慷慨。

不以己善示人

有一名江洋大盜走到聖人面前跪下,
痛哭失聲的說:「我大惡不赦。」
「我也是。」聖人回答說。
「我作惡多端。」
「我也是。」
「我殺人無數。」
「我也是。」

江洋大盜突然大笑狂奔,跑了很遠很遠,
然後回頭向聖人大喊:「我放下屠刀,改過自新啦!」

聖人高聲地回答說:「我也是!」

是誰對經典不敬

無為大師常用一本厚厚的經典來做擋門磚。
一天來了一位嚴肅的訪客，
看到書在地上就把經典撿起來。

「把書放在原地。」
「這對經典不敬，不該是智者的行為吧？」

無為大師回答說：
「知道經典對某人有用，就以為對另一個人也有用，
才是對經典的不敬。
不知道知識的傳遞並不一定要透過經典，
這才是對知識的不敬。」

61

經典的用處多多

經典可以讓我們得到知識、智慧，
但仍然可以拿來當枕頭。
經典的神聖在於裡面的內容，
而不在於它的封面外型。

把經典拿來每天念誦一百遍而不依經典行為的，
才是踐踏經典的智慧。

去殼的真理

凡夫，是迷航於大海尋找不到港口的孤舟。
開悟的修行者，是脫去外殼的真理。

紅塵與彼岸是相同的道路，
差別的只是凡夫與禪師所選擇的方向。

我是誰

有一天空空尊者正在沉思時，
來了一位追隨者：「我來找空空尊者。」

空空尊者說：
「我也在找空空尊者，
只是已經找了三十年還沒找到。」

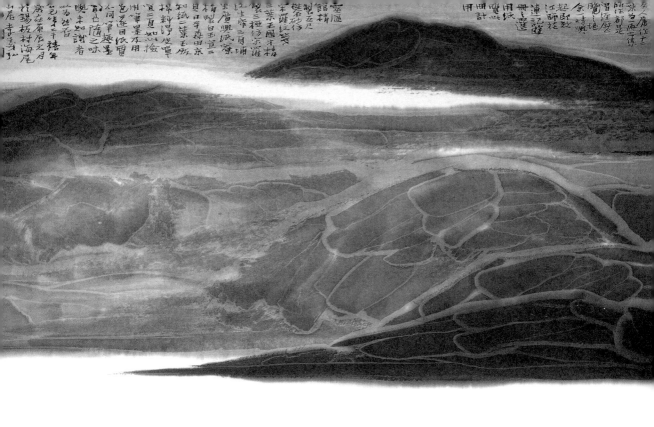

新瓶必須先捨去舊水

弟子問空空尊者說：「人應該如何淨化自己？」

空空尊者回答說：
「首先要把蒙蔽人心的原因拔除，
將舊有的習俗、派系、偏見、敵意、喜怒、支配、欲望
統統丟棄。
如同洗澡淨身一樣洗清污穢。」

弟子說：「如何改變自己的觀念？」

空空尊者回答說：「首先倒去自己既有的觀念。」

拔除舊有

有人問空空尊者說：「如何修行成為一個禪者？」

空空尊者回答說：
「首先捨去腦袋原有的東西，
捨去你原以為的真理，
捨去你先入為主的觀念，
捨去你原來的種種制約。」

「然後呢？」

「當這些不復存在、死而後生之後，
再真誠的去面對發生在你身上的事。
你便有可能成為一位真正的禪者。」

真理之門永遠開著

禪學的老師對學生們說：

「只要你們不斷地敲門，真理之門將為你們打開。」

無為大師說：

「你說要敲多久真理之門才會打開？

真理之門不是從來都沒關過嗎？」

驢子扮禪師

弟子問：「如何看穿一個禪師是否真的開悟？」

「一個假裝開悟的禪師經常會引經據典說『經典說』，
他的真正意思是『聽我說吧！』」

無為大師說：
「如果你不能辨識真假禪師，
無論你所問的問題有多麼神聖，
你唯一會得到的只是鸚鵡學舌的愚蠢驢叫聲。」

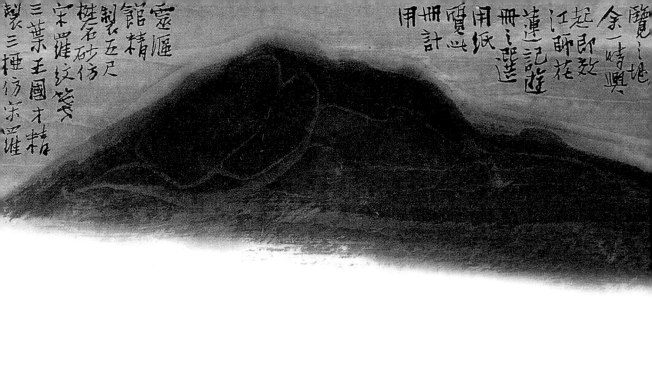

隨之地、余一時興
起即效江師搭
蓮記遊冊之選
用紙冊計
賈此
用

靈匯
館精
製五尺
棋石砂仿
宋罷紋笈
三葉玉國才精
製三極仿宋罷

奢華與單純

一群求道者到智者解脫禪師身邊，
發現他周遭都是窮極奢華之物。
他們又到山林中拜訪一位獨覺禪師，
發現他的周遭只有一塊座墊和一壺水。

求道者向獨覺禪師説：
「你才是我們的典範，
不像解脫禪師圍繞在種種奢侈之間，離道甚遠。」

獨覺禪師嘆息流淚的説：
「你們不要被膚淺的外觀所迷惑啊！
解脫禪師環繞奢華之間，是因為他對奢華無動於衷。
我置身簡樸單純之中，是因為我只對空無無動於衷。」

修行就是將自己置身於一無所有的狀態，
還能活得像天堂境界一樣。
達到這種狀態之後，
身外之物的擁有便再也無法影響我們了。

靈漚館精
館製五尺
楮若砂仿
宋羅紋箋
三葉玉國才精
製三梗仿宋羅
紋生蒕三頁埔
精製日午森田京
里廣興紙寮
頁曰本宣二
知紙二葉玉版
棉料淨發單
豆三頁如此撿
用筆墨不用
色多逐田紙質
不同筆趣墨
韻色隨之味
興末知識者
以為然否
完寅二千禧年
歲在庚辰元月
扵錫板村海尾
山居李義弘
之記

導師才要更小心

有一位聲聞的導師帶著他的學生到森林裡經行，
這時他看見一位獨覺的修行者正想涉過一片沼澤。
於是聲聞的導師便對著他大喊：
「人啊！你要小心啊！
別走錯了，踩進沼澤會沉下去啊。」

獨覺的修行者回頭向禪師說：
「嘿！你才應該小心！
我走錯路，沉下去的只是我一人。
如果你走錯了，
沉下去的還有你一大群的追隨學生。」

修行者也不免掉入錯誤的縫隙裡，
獨覺的修行者一人錯一人擔，
聲聞的導師如果錯了，會害死追隨他的學生們。

目的一致，教法不同

有人問禪師說：
「你對年輕的學生輕聲細語，
為何對年長的學生嚴厲？」

禪師回答說：
「嫩枝很容易將它調正，
幹枝只能用烈火將它烤直。」

目盲者不能見道

空空尊者說：

「人除非能瞭解『道』的本身也可能是錯的，

否則他便不可能達到真理之境。」

「為什麼？」

「如果他只能無知地盲目相信，

便不是真正的信仰者。」

煙浮山根
李蕁仙

真理隱藏在裡面

空空尊者舉一故事，比喻真理。

學生說：「我無法理解老師說的意思。」

空空尊者說：
「因為我拿出來的是一盒珍珠，
而你所看到的只是外表的盒子。」

經典是美麗的外型，真理的本質是芳香。

名師是一艘失去作用的船

空空尊者每一次現身，都會聚集數千信眾來聽他說法。

空空尊者語重心長地對信眾們說：
「我已經不夠格再當上師了。」

信眾齊聲說：「為什麼？」

空空尊者說：
「導師的作用，原本是幫助學生接近真理的載具，
當渡人的船變成偶像時，便不夠格再當上師，
你們忙著膜拜我、接近我，害得你們哪裡也沒去。」

以動物為師

空空尊者參見高人無為大師，
只見無為大師寂然靜坐、絲毫不動。

空空尊者問無為大師說：
「你從哪裡習得這般寂靜？」

「跟貓學的。」無為大師回答說：
「當牠守在老鼠洞口時，比我寂靜一百倍。」

寓言的多功能

學生向空空尊者抱怨說：
「你講的那些寓言故事，
為何有人解釋為這，有人解釋為那？」

空空尊者說：
「不直接講出真理，而用寓言比喻的好處就在於此。
例如有一個盤子只能喝湯，不能裝肉、裝菜，
用途就很有限了。
寓言是個用來喝湯、裝肉、裝菜、裝任何東西都成
的盤子。　」

每個人只有一輩子

有一名學生問空空尊者說：
「開悟者與凡夫最大的不同是什麼？」

空空尊者說：「開悟者知道自己這輩子應該怎麼活！」

學生說：「凡夫不知道自己這輩子應該怎麼過嗎？」

空空尊者回答說：
「不不不！凡夫根本不懂什麼叫做『這輩子』，
他總以為還有很多輩子，可以一再犯錯重新來過。」

狗兒也有佛性

空空尊者和他的隨侍弟子一起旅行，
在路上遇到一隻狗對著他們狂吠。

弟子罵狗說：
「大膽畜生！怎麼可以對老師如此不敬。」

空空尊者對弟子說：
「別再罵牠了，這隻狗的本性比你還好。
牠一視同仁，對所有的陌生人都大叫；
而你對高位者禮貌，對低下的人輕蔑。」

95

純潔的答案

空空尊者在大堂上，擺了十幾種非常少見的花。
然後對弟子們說：
「聞一聞、猜一猜，這是什麼？」

弟子們聞了半天，沒有一個答得出來。

有一位盲眼的弟子說：
「答案這麼簡單，為何大家猜不出來？」
「你知道？」弟子們問盲眼師兄。
「是花！」盲眼弟子回答。

問題原本很單純，是我們把它想得很複雜。
答案往往就在問題之前，而不是思考之後！

蟻神的神話

空空尊者的弟子大愚發現自己會說昆蟲的語言，
於是他蹲在地上問一隻螞蟻：「有螞蟻的神嗎？」

「當然。」

「螞蟻的神長什麼樣子？」

「我們只有一根刺，但祂有兩根！」螞蟻回答說。

驢子是馬的替代品

整部《景德傳燈錄》裡，開悟的禪師才九百二十人。
禪宗最盛行的年代開悟的禪師就很少了，
當今世上真正的禪師更是稀有。

學生問空空尊者說：「如何分辨哪位才是真禪師？」

空空尊者回答說：
「這如同在沒有馬的國度中，從驢群裡分辨哪隻是馬。
禪師大都不是真正的禪師，他們只是禪師的替代品；
真正的禪師很少，大都只是替代品得了禪師的稱謂。
在沒有馬的國度裡，驢子就被人叫做馬。」

大師與表演者

有一個人問空空尊者說：
「有些時代充滿了大師，
為何現在只有少數真正的開悟者？」

空空尊者回答說：
「所謂的大師，
通常只是玩弄宗教術語、逗樂聽眾的表演者。
因為聲名在外，有很多追隨者吹捧，才被尊稱為大師。
真正有道者總是隱姓埋名默默修行，你怎能看到呢？」

擁有不等於滿足

無為大師的追隨者帶來五百兩銀子。

無為大師說：「你還有銀子嗎？」
「還有。」
「你還想要更多銀子嗎？」
「還想。」

「那麼你還是自己留著吧，因為你比我還需要它。
我一無所有，但什麼也不想要。
你擁有很多，但卻還想要更多。」

成為真正的自己

一個青年人問無為大師說：

「如何完成自己？」

無為大師說：

「做一個人，應該要成為你能成為的樣子，

而不是追求你永遠無法完成的理想。

否則你可能只是個畏縮在理想虛殼中的心虛角色。」

讓葫蘆成為葫蘆

青年人又問無為大師說：
「每個人都是自己，人生就是完成自己嗎？」

無為大師說：
「葫蘆就是葫蘆，誰又能禁止它是葫蘆？
葫蘆實行上天的命令，無人能夠禁止。
你自知是葫蘆，就放心地做個好葫蘆。」

青年人說：
「導師就是幫助學生尋找到自己，然後完成它？」

無為大師說：
「導師的責任是——
不讓不適合的人去做不適合的事，
讓適合的人去做適合的事。
讓天下萬物各司其職是天地的事，
讓每個學生各司其職是導師的事。
使葫蘆成為葫蘆，使聖人成為聖人。」

知識勝於財富

富人問無為大師說：

「我不能理解，你為何不去賺錢致富，而選擇修行？」

「因為知識勝於財富！」

「為何知識勝過財富？」

無為大師回答說：

「財富需要你去照顧，但知識卻會照顧你一輩子。」

生死大事

人生在世七十年，各種節日都度過七十次。

我們在各種節日來臨前，會預先做好準備。
死亡的日子只有一次，所以更應該為它的來臨做準備。

睡覺時，要記得「死」隨時會來這件事。
醒來時，要記得「生」不會長久這件事。

想要和不想要

有個人問無為大師說：

「如何能加入真理之道的行列？」

無為大師說：

「如果你想加入真理之道，必須先接受兩個條件。」

「哪兩個條件？」

「第一：你必須去做你原本不想做的事。

第二：你不許去做你原本想要做的事。

橫在人和真理之間的障礙，

便是這個『想要和不想要』。」

痛苦使人存在

對於無法改變的事實痛苦，是人之常情。
但過度的痛苦只是白費心力，
而且會掉入致命的深淵無法自拔。

人痛苦久了便不願意放棄痛苦，
因為他如果放棄了，等於承認先前的痛苦都是白費了。

對那些不肯拋棄痛苦的人而言，
痛苦使他們感受到自己的真切存在。
對那些行錯誤之事的人而言，錯誤使他們快樂。

見山又是山的過程

起初，先有知識。

然後，有了苦行。

再然後，是苦行之後的真知。

最後的知者，貴於十萬個苦行。

哲學家與禪師

禪宗學者陳那遇到無為大師。

陳那說：「我知道，無為大師已經見了道！」
無為大師說：「我見了道，陳那知道。」

禪宗學者與禪師最大的不同是：
禪宗學者只是研究開悟，
禪師是讓自己達成開悟。

知識不是真理

弟子問：
「為何有人讀遍所有的知識，
還是不懂得人生的真理？」

無為大師回答：
「不是每棵樹都會結果實，
不是每一種果實都能吃。
不是每一種知識都有益於所有的人。
不是每段人生都像我們所期待的一樣。
不是每個修行者，都能達到智慧彼岸。
知識不是真理，真理隱藏於生活的細節裡。」

接受生命的事實

智者寬達禪師向眾人説：

「人哭著來到這世間，總是不情不願。

人哀怨離開這世間，總是不情不願。

生命一開始，你不習慣它。

然後，慢慢地習慣它。

然後，慢慢愛上它。

然後，接受失去它。

這就是生命的過程，人應好好善用自己的一生。

使人人的生活都不至於是一種浪費。」

開悟的禪師在生命過程中，

便愛上生命，享受生命的美妙，善用自己的一生。

背書的驢子

禪不是知識，
禪不是思想。
禪落實於生活！

一個人飽讀經書而不去實行，
只是一隻背著大捆經典的驢子。

禪不死背經典詞句，
而是將體悟的真理落實為實際行動。

無聊地等死最苦

司馬太守召集智者們討論：
「什麼才是痛苦之海最大的海浪？」
「是病與苦。」
「是又老又窮。」

最後大家一致同意，人生最大的苦難是：
「逐步邁向死亡，卻無事可做。」

感受到自己對別人有用，是自我存在的最大樂事。
人常在工作時抱怨工作，
等到不要他工作時，才驚覺工作的美妙而不肯退休。

樂觀的十眼博士

有個人問一位盲眼博士說：

「我不明白，你沒眼睛如何讀到博士？」

盲眼博士說：

「你有兩隻眼睛，我有十隻眼睛！

你們用兩隻眼睛看，我用十隻手指頭讀。」

二減一等於三

從前有個工人因為工作意外而斷了一條腿，
但他還是笑口常開，每天照常工作，一點也不悲傷。

有人問他說：「你只剩一條腿，為何還能這麼樂觀？」

這個人撐著兩根拐杖回答說：
「誰說我只有一條腿？
從前我有兩條腿，斷了一條腿，現在變成三條腿。」

貪欲來自不知足

空空尊者説：

「人生的問題大都不是出自於肚子的饑渴，
而是因為心靈的饑渴才產生種種問題。」

「什麼是心靈的饑渴？」

「貪欲是最常見的心靈饑渴。
睡足了我們會起床、吃飽了我們會離開餐桌、
工作結束了我們會休息。
當賺夠了一輩子都花不完的錢，
但還在賣命，就是因為貪欲！
人常常為了自己早已不再需要的額外東西，
而付出自己的一生。」

弟子問：

「什麼是不知足？」

空空尊者回答說：

「我們都會知道自己吃飽了、知道自己睡飽了，

但只有對人生開悟的人才知道自己賺錢賺飽了，

他不再拿生命去換取更多自己早已不再需要的東西。」

弟子問：

「什麼是富裕？」

空空尊者說：

「當你的能力足以滿足你的欲望時，就是富裕。」

人生方向

無著禪師總是倒著騎驢走在路上。

別人問他説：「你為何要倒著騎驢？」

無著禪師回答説：
「人驢相反，總會有一邊是對的人生方向。」

開悟者無我

長沙和尚説：
「盡十方世界是沙門眼、
盡十方世界是沙門僧、
盡十方世界是自己光明、
盡十方世界無一人不是沙門自己。」

開悟與否的關鍵是：
真正熱愛生命的每一剎那，
還是我們只是面對生命？

人的一生是由無窮多個當下剎那相加而成，
每個剎那當下就是我們整體一生的時間切片，
當下的整體境遇裡，沒有哪一部分不是自己。
無論境遇如不如己意，
沒有哪一部分可以割捨、沒有哪一部分可以拋棄。

智慧勝於一切

當初人的大腦為何不長在腳上，
不長在腰上，而長在頭上？

因為智慧高於一切。
王統治人，
智慧之人統治王。

智慧是別人搶不走的東西，
智慧時時刻刻跟著你。

人生的責任

對凡夫而言，死亡是一場災難，
因為它切斷了生命和光明。
但對凡夫而言，死亡也有一個好處，
它結束了一個人所有的苦難。

當我們集中焦點全力以赴完成事情時，
死神總是會延遲來臨。
當該做的已做、該完成的已完成，還留在世上做什麼？

然而當一個人死後，他總會被問道：
「在你的一生中——
你是否思考過人生的目的？
你是否深入探求生命的本質？
你是否善盡自己的一生？你是否扮演好自己的角色？
你是否無愧於天地？」

如果我們能由死亡的那一刻逆向思考回來，
人生便不會走錯路了。

空狀態的開悟者

如果——
我們能點燃心中的黎明，
無我地融入於任何剎那當下，
讓自己的心與時空境遇交融。

那麼我們便可以：

從一粒鹽嘗到海洋、
從一株嫩芽聽到春天、
從一顆種子看到生命。

一個悟通生命真諦的開悟者，
無論身處任何情境際遇都身心安頓，
因為他已經達到
「握無窮於掌心、窺永恆於一瞬」的空境裡。

日日是好日

雲門文偃禪師說：
「春有百花秋有月，
夏有涼風冬有雪。
若無閒事掛心頭，
便是人間好時節。」

禪就是無我地融入於時空，永遠融入於此時剎那瞬間，
心像鏡子一樣，時時完全反映此時現況。
開悟的禪者沒有時間觀念，
他無分別心去區分此時彼時，
無論任何狀態，永遠是：時時是好時、日日是好日。

懂得生命真諦的人

無為大師說：

「懂得生命真諦的人是無邊的海洋，

是布衣的國王，

不屬於火、不屬於風、不屬於地、不屬於水。

懂得生命真諦的人超乎信仰與不信仰，

懂得生命真諦的人遠離空無。

啊！置身於紅塵的凡夫啊！

懂得生命真諦的人是隱而不顯的！

去找他吧！找那懂得生命真諦的人！」

生命即是變化過程的總和

一沙一世界，

一花一天堂。

握無窮於掌心，

窺永恆於一瞬。

　　　　　　——英國詩人、畫家 布雷克（William Blake）

我們從一粒沙，看到億萬顆無窮小的原子聚為球體。

從一朵花，可以看到生命開展美麗一生的過程。

我們佇立於此時此地，

能將無窮大宇宙的真理握於掌心，

是因為我們能從剎那現象，看穿永恆變化過程的祕密。

跋　人生中最重要的覺悟

人間的使命

每個嬰兒的誕生，
都負有一個重要的使命。

每個人來此世界，
都是諸神派他下來完成任務的。

神所託付的使命非常隱密，
它存放在每個人的內心深處。

因此很多智者第一次思考的主題便是：

「我是誰？
我從哪裡來？
我要去哪裡？」

隨著生命的成長，
有的人會慢慢發現自己的人間任務，並完成使命。
有的人終其一生渾渾噩噩度日，
根本不知道自己被派到凡間的用意。

當一個人的內心開始覺醒，
想明白自己到世間的意義時，他便陷入思考……
當他洞然想通自己的人生目的和存在世間的意義時，
便是頓悟！

於是他便由一隻毛毛蟲蛹化為世上最美麗的蝴蝶！
從原本只能在二維平面爬行，
變成能飛翔於宇宙天地的三維空間。

頓悟生命意義的人，
他的思維有如從一維的自我躍升至二維三維到超越時空，
從此他展開豐富華麗的一生，無論他做什麼都沒有自我，
唯有一心，要來此完成世間的使命。

神是什麼？

當初愛因斯坦反對波爾對量子力學的機率說法時，
說了一句很有名的話：「上帝是不擲骰子的！」

某次紐約的一個天主教機構想請他演講，
但又對他的信仰有疑慮，
於是寫信請問他對上帝的看法。

愛因斯坦回信說：
「我所信仰的上帝，如同史賓諾莎所信仰的上帝一樣，上帝
就是宇宙中那股冥冥的理性力量。」

以上所提到的神，也如同愛因斯坦所說的一樣：

神即是生命的奧祕，是天地之道的代名詞，
神即是宇宙天地十方世界運行的本質。

縱觀整個宇宙星系，

溫度由一億度高溫到零下兩百七十三度，

而地表正好處於攝氏二十五度的上下一百度間，

溫度範圍適合生命的存在，

地表又充滿了生命不可或缺的光和水和空氣，

在宇宙星系中能有這種條件的機率低於一億分之一，

這簡直是神刻意安排的生命實驗場。

回顧生物史，我們的身體是由最原始的一個單細胞，

變成能行使意志的形體。

我們的心是由鞭毛蟲的一根神經，

變成一顆能思能想的大腦。

人的身心是生命在地球上歷經四十億年的進化才形成。

生命難得、人生難得。

如果我們把自己難得的一生，

用來換取花不完又帶不走的財富或無實的名位，

那豈不是太踐踏生命的價值？

生命的意義是什麼？

回顧整個歷史，過去的成就者們，
是因為做出了讓我們今天還獲益的事，
才令他留名萬世的。
例如我們是因為唐詩宋詞中美麗優雅的文辭，
才記得李白和李後主，
是因為都江堰，才感念李冰父子。

我們唯一能留下來的，
是在這一輩子做出了有益於世間眾生的事物，
而不是一時的財富、名位、權勢。
能想通這一點，就是人生最重要的覺悟！

蔡志忠作品
參禪步道 覺悟

圖文：蔡志忠
水墨：李義弘
責任編輯：陳怡慈
美術編輯：何萍萍
校對：呂佳真
法律顧問：全理法律事務所董安丹律師
出版者：大塊文化出版股份有限公司
台北市105南京東路四段25號11樓
www.locuspublishing.com

讀者服務專線：0800-006689
TEL：(02)87123898　FAX：(02)87123897
郵撥帳號：18955675　戶名：大塊文化出版股份有限公司
版權所有　翻印必究

總經銷：大和書報圖書股份有限公司
地址：新北市新莊區五股工業區五工五路2號
TEL：(02)89902588（代表號）　FAX：(02)22901658
製版：瑞豐實業股份有限公司

初版一刷：2011年12月
定價：新台幣320元
Printed in Taiwan
ISBN：978-986-213-285-2

參禪步道；覺悟 / 蔡志忠圖文；李義弘水墨.
-- 初版. -- 臺北市：大塊文化, 2011.12
面；　公分. --
ISBN 978-986-213-285-2(平裝)

1.禪宗 2.佛教修持

226.65　　　　　　　100020813